Neil Armstrong

Jonatha A. Brown

Consultora de lectura: Susan Nations, M.Ed., autora/tutora de alfabetización/consultora

WR WEEKLY READER
EARLY LEARNING LIBRARY

Please visit our web site at: www.earlyliteracy.cc
For a free color catalog describing Weekly Reader® Early Learning Library's list
of high-quality books, call 1-877-445-5824 (USA) or 1-800-387-3178 (Canada).
Weekly Reader® Early Learning Library's fax: (414) 336-0164.

Library of Congress Cataloging-in-Publication Data available upon request from publisher.
Fax (414) 336-0157 for the attention of the Publishing Records Department.

ISBN 0-8368-4758-X (lib. bdg.)
ISBN 0-8368-4765-2 (softcover)

This edition first published in 2006 by
Weekly Reader® Early Learning Library
A Member of the WRC Media Family of Companies
330 West Olive Street, Suite 100
Milwaukee, WI 53212 USA

Copyright © 2006 by Weekly Reader® Early Learning Library

Based on *Neil Armstrong* (Trailblazers of the Modern World series) by Tim Goss
Editor: JoAnn Early Macken
Designer: Scott M. Krall
Picture researcher: Diane Laska-Swanke
Translators: Tatiana Acosta and Guillermo Gutiérrez

Photo credits: Cover, title, pp. 10, 11, 13, 14, 16, 19, 21 NASA; pp. 5, 6, 9 Ohio Historical Society;
pp. 17, 18 © NASA/Getty Images

Printed in the United States of America

1 2 3 4 5 6 7 8 9 09 08 07 06 05

Contenido

Las palabras del Glosario van en **negrita**
la primera vez que aparecen en el texto.

Capítulo 1: Juegos con aeromodelos

Neil Armstrong nació el 5 de agosto de 1930 en Wapakoneta, Ohio. Era el mayor de tres hermanos. Su padre tenía que trasladarse con frecuencia por motivos de trabajo, y Neil y su familia se mudaron de casa muchas veces.

De niño, Armstrong tenía intereses muy variados. Le encantaba leer. Deseaba aprender cómo funcionaban las máquinas. Le gustaba tocar el piano y la trompeta barítono. Pero su mayor pasión eran los aviones.

Volando a escondidas

Cuando Neil y su padre volaron en un avión por primera vez, se suponía que habían ido a la iglesia. ¡Aunque regresaron a la casa a escondidas, la madre de Neil supo que le ocultaban algo!

Neil vivió en esta casa de Ohio cuando era niño.

Cuando Neil tenía seis años, él y su padre volaron por primera vez en un avión. Su padre pasó miedo, pero Neil no; estaba encantado. Después de esa

Neil tocaba la trompeta barítono en la banda de su escuela.

experiencia, comenzó a construir modelos de aviones, e hizo volar algunos de ellos desde una ventana del piso superior de su casa.

Neil se pagaba él mismo sus aeromodelos. Al principio, cortaba el pasto para ganar dinero. Más tarde, encontró trabajo en comercios cercanos. Estos trabajos le permitían ganar dinero suficiente para comprar nuevos modelos. También compraba libros y revistas sobre la aviación.

Alzando el vuelo

Cuando Neil tenía quince años, comenzó a tomar lecciones de vuelo. Tuvo que trabajar duro para conseguir dinero con el que pagarlas, pero merecía la pena. Para Neil, no había nada mejor que volar.

Uno de sus vecinos tenía un **telescopio**. Era un instrumento maravilloso que permitía ver más grandes y cercanas la Luna y las estrellas. Su vecino le dejó usar el telescopio. Al acercar uno de sus ojos a un extremo del instrumento pudo ver la Luna, y los detalles de su superficie. Neil no se cansaba de observar. Miraba la Luna una y otra vez.

Capítulo 2: Un futuro astronauta

Cuando terminó la escuela secundaria, Neil se alistó en la marina, que lo envió a la universidad en 1947. Allí trabajó duro y aprendió mucho, pero su etapa universitaria duró poco. Tuvo que dejar la universidad para luchar con la marina en la guerra de Corea.

Neil se convirtió en **piloto** de combate. Sobrevolaba el territorio enemigo, y su avión dejaba caer bombas. Era un trabajo peligroso, pero Neil lo hizo bien. De hecho, ganó tres medallas por su labor.

De vuelta a casa después de la guerra

Después de dejar Corea en 1952, Neil regresó a la universidad. Allí conoció a Janet Shearon. Al principio, fueron sólo amigos. Más tarde, fueron algo más. Neil y Janet se casaron en 1956.

Neil y Janet se casaron en California.

Neil empezó a trabajar en la base de la fuerza aérea de Edwards, en California, donde pilotó nuevos aviones, como el X-15 propulsado por cohetes. Era un avión capaz de volar muy alto y muy, muy

Para Neil, el trabajo como piloto de pruebas con el X-15 fue como un sueño hecho realidad.

deprisa. ¡Por supuesto, a Neil eso le encantaba!

Neil no sólo pilotó el X-15, sino que ayudó a la fuerza aérea a mejorar el avión. Una de sus ideas fue cambiar la dirección, lo que hizo que fuera más fácil de maniobrar. Neil fue premiado por su trabajo en la dirección de este avión.

En 1962, Neil dio un paso importante. Se incorporó al *Proyecto Géminis*, un grupo que quería enviar hombres al espacio exterior, volando muy lejos de la Tierra. Era algo que nunca se había intentado, y Neil deseaba ser parte de ese proyecto. Quería convertirse en **astronauta**.

Un trabajo en la NASA

Neil comenzó a trabajar para la Administración Nacional para la Aeronáutica y el Espacio (NASA), en el Centro de Naves Espaciales Tripuladas de Houston, en Texas. Allí trabajaban muchos astronautas. Al principio, empleaban la mayor parte del tiempo en clase, aprendiendo cómo funcionaba la nave *Géminis* y cómo orientarse en el espacio. Había mucho que aprender, y todo era muy importante.

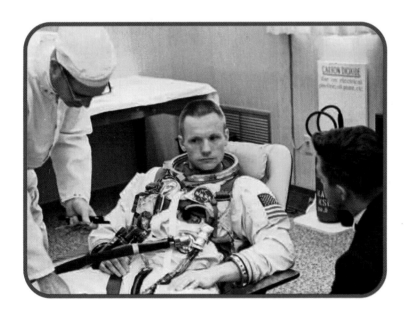

Un equipo de la NASA ayuda a Neil a ponerse el traje espacial antes de su primer vuelo al espacio.

El 16 de marzo de 1966, Neil voló al espacio por primera vez. Ese día, él y David Scott subieron a bordo de la *Géminis 8*. La nave despegó, y se dirigió hacia un cohete que orbitaba alrededor de la Tierra. La misión de los astronautas era entrar en contacto con el cohete y hacer que diera la vuelta. Sería un trabajo complicado.

En peligro de muerte

Ya antes de hacerse astronauta, Neil había pasado por momentos peligrosos en el cielo. Estando en Corea, su avión de combate fue alcanzado una vez por el fuego enemigo. Neil tuvo que saltar en **paracaídas** para salvarse.

Al principio, todo fue bien. Lograron llegar al cohete y que cambiara su dirección. Pero cuando se retiraban, algo empezó a ir mal. ¡Su nave comenzó a sacudirse y a girar! Fue un momento de mucho peligro. Por suerte, Neil actuó con rapidez para solucionar el problema. Luego, consiguió que la nave *Géminis 8* regresara a la Tierra. Su rapidez de reflejos salvó la situación.

Capítulo 3: Un paseo por la Luna

El año siguiente, Neil entró a formar parte del *Proyecto Apolo*, cuyo propósito era llevar hombres a la Luna.

Neil comenzó a aprender a pilotar una pequeña nave como la que se posaría en la Luna. Se dio cuenta de que era una tarea muy arriesgada. Tenía que pensar y actuar con rapidez para evitar situaciones de peligro. Por suerte, supo estar a la altura. Guardó la calma cuando las cosas iban mal y rindió a gran nivel en sus vuelos de prueba. En 1969, tres astronautas fueron elegidos para volar a la Luna. Neil fue uno de ellos. Los otros fueron Buzz Aldrin y Michael Collins. Los tres serían la tripulación del vuelo *Apolo 11*.

Neil (a la izquierda) fue el comandante de Michael y Buzz en la famosa **misión** *Apolo 11*.

Comandante de una misión a la Luna

Cada uno de los astronautas tenía un trabajo diferente. Neil sería el líder de la misión, y el primero en pisar la Luna. Buzz también pisaría la Luna. Michael sería el encargado de volar la nave mientras Neil y Buzz estaban allá abajo.

El 16 de julio de 1969 fue el gran día. Esa mañana, los tres hombres se pusieron sus trajes espaciales y subieron a bordo de la nave *Columbia*. No era mucho

Buzz y Neil (a la derecha) se prepararon en la Tierra para su paseo lunar.

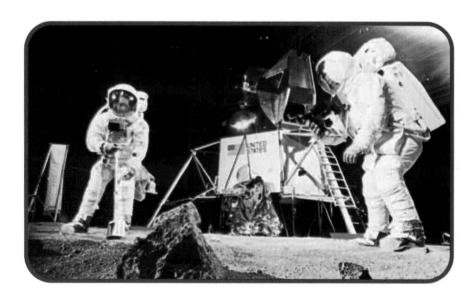

Su padre era astronauta

Neil y Janet tuvieron dos hijos, Ricky y Mark. Cuando Neil voló a la Luna, Ricky tenía doce años y Mark tenía seis. Para sorpresa de algunos, el pequeño Mark entendió lo que sucedía. "Mi papá se va a la Luna", dijo. "Tardará tres días en llegar".

más grande que un armario, y casi todo el espacio disponible estaba lleno de material. Esta pequeña nave sería el hogar de los astronautas en la semana que siguió.

Un cohete propulsor rugió, y la nave despegó. Los hombres se prepararon para un largo vuelo. Tardaron tres días en llegar a la Luna. Después, pusieron su nave en órbita. Mientras ésta giraba alrededor de la Luna, Neil y Buzz subieron a una nave menor, la *Eagle*.

Después de ponerse sus trajes espaciales, Neil y su tripulación se dirigieron a la nave.

Estaban listos para volar a la superficie lunar.

Peligro inminente

El viaje a la superficie lunar no resultó del todo como se había planeado. Cuando estaban a punto de posarse, el sistema de control de vuelo no frenó el descenso de la *Eagle*. ¡La nave iba a estrellarse! Justo a tiempo, Neil tomó los mandos y la *Eagle* alunizó sin problemas.

Pasaron seis horas más en las que Neil y Buzz se prepararon para la siguiente fase. Por fin, Neil abrió la escotilla, salió de la nave y comenzó a bajar una escalera. Se movía con mucho cuidado para evitar enganchar o rasgar su traje espacial.

Cuando llegó al último peldaño de la escalera, Neil saltó. ¡Estaba pisando la Luna!

En todo el país, la gente contuvo la respiración durante el despegue del *Apolo 11*.

Una cámara de cine grababa el evento desde la *Eagle*. En seguida, las imágenes fueron enviadas a la Tierra, donde se vieron por televisión.

Millones de personas vieron la transmisión, y fueron testigos de cómo Neil pisó la Luna. Le oyeron decir: "Es un pequeño paso para un hombre, pero un salto gigantesco para la humanidad". Fue un momento singular y maravilloso.

Neil dejó una bandera de Estados Unidos en la superficie de la Luna.

Buzz bajó después. Durante dos horas, él y Neil realizaron pruebas y recogieron rocas. Después, subieron a bordo de la *Eagle* y volaron de regreso a la nave *Columbia*, donde Michael los esperaba.

Capítulo 4: De vuelta a casa

La tripulación del *Apolo 11* inició el regreso. Todo fue bien. Después de dos días y medio, su nave amerizó en el océano Pacífico. Un barco que los esperaba en las proximidades recogió a la nave Columbia y a sus tres hombres.

Tras un amerizaje exitoso en el océano, los tripulantes salieron de la *Apolo 11* y subieron a una balsa.

Los tres tenían familias que estaban ansiosas por verlos. Pero aún no podían reunirse con ellos. Los astronautas debían permanecer aislados en un lugar seguro por dieciocho días. Ese plazo permitió a los doctores asegurarse de que no habían traído gérmenes lunares capaces de producir enfermedades.

Por fin, los doctores anunciaron que los tres estaban bien. Tenían permiso para salir y ver a sus familias.

Un recibimiento de héroes

Pero sus esposas e hijos no eran los únicos que querían ver a Buzz, Michael y Neil. ¡Ahora eran famosos! Gente de todo el mundo deseaba celebrar su gran hazaña. Los tres comenzaron a ir de ciudad en ciudad, donde se celebraban desfiles en su honor.

La gente acudía en masa para verlos. Fue una época muy emocionante.

Neil no estaba acostumbrado a la fama, ni disfrutaba de ella. Lo que él deseaba era

¿Por qué fue Neil el primero?

La NASA eligió a Neil para que fuera el primer astronauta que caminó sobre la Luna por dos razones. Primero, era el que tenía más **experiencia** en el espacio. Segundo, su asiento era el más cercano a la escotilla de salida de la nave.

La gente llenó las calles de Nueva York durante un desfile de homenaje a los astronautas.

volver a su vida tranquila. Y, tan pronto como pudo, eso fue lo que hizo. Trabajó unos años más en el programa espacial y, en 1971, él y su familia se mudaron a Ohio. Allí compraron una granja lechera.

Hoy en día, Neil tiene más de setenta años. Aún vive en su granja de Ohio. Permanece fuera de la vida pública y disfruta de su intimidad.

Glosario

astronauta — persona que viaja al espacio exterior

experiencia — tiempo empleado en hacer algo

misión — vuelo al espacio exterior

piloto — el encargado de controlar los mandos de un avión

saltar en paracaídas — saltar de un avión usando un aparato (el paracaídas) que permite frenar el descenso

telescopio — tubo largo con lentes que permite ver los objetos de forma que parezcan más cercanos y de mayor tamaño

Más información

Libros

Moonwalk: The First Trip to the Moon. Judy Donnelly
   (Random House)

One Giant Leap: The Story of Neil Armstrong. Don Brown
   (Houghton Mifflin)

The Sea of Tranquillity. Mark Haddon (Harcourt Children's Books)

Spacebusters. Philip Wilkinson (Dorling Kindersley)

Páginas Web

25 Aniversario del Apolo 11: 1969–1994

nssdc.gsfc.nasa.gov/planetary/lunar/apollo11.html

Mira fotografías y lee información sobre este vuelo a la Luna

National Air and Space Museum: Aprendizaje en Internet

www.nasm.si.edu/education/onlinelearning.cfm

Conoce cómo funcionan las máquinas que vuelan, explora los
planetas y mucho más

Índice

Información sobre la autora

Jonatha A. Brown ha escrito varios libros para niños. Vive en Phoenix, Arizona, con su esposo y dos perros. Si alguna vez te pasas por allí y ella no está trabajando en algún libro, lo más probable es que haya salido a cabalgar o a ver a uno de sus caballos. Es posible que esté fuera un buen rato, así que lo mejor es que regreses más tarde.